APPENDICE

LA GUERRE

ET

LA CAUSE QUI LA PRODUIT.

    La guerre est ordinairement la mère de la famine; et celle-ci l'est de la peste, de sorte que David avait bien raison de choisir la dernière pour échapper aux deux premières. La guerre sous ses pieds foule toute la terre, sa bouche est un brasier, sa voix est un tonnerre.

    Le premier coup de canon que l'on tire en fait de guerre coûte cent millions. Pendant les guerres de la révolution et de l'empire, les étrangers et la France ont perdu dix millions d'hommes. Quel sera donc celui du chiffre de l'horrible invasion que nous venons d'éprouver ?

    Voici les paroles du maréchal Blücher, adressées au père de Guillaume, actuellement roi de Prusse :

« Sire, la gloire et les honneurs m'ont trop longtemps justifié ici bas à mes propres yeux de ce qu'il me sera justement imputé comme crime dans un autre monde ; ces sentiments m'ont été inspirés dès ma plus tendre jeunesse par mon père qui détestait la guerre, la considérant comme un attentat contre Dieu et l'humanité. » Cette horreur de la guerre que le père de l'illustre maréchal éprouvait provenait d'un songe dans lequel Frédéric-le-Grand lui ayant apparu lui dit : « Qu'il maudissait le temps de ses plus belles victoires et protestait que s'il revenait dans ce monde il restituerait non seulement la Silésie, mais même la partie de la Pologne, ainsi que toutes les autres conquêtes qu'il appelait des vols, afin d'abréger les supplices qu'il subissait avec ses complices couronnés, ainsi que d'autres spoliateurs et meurtriers moins glorieux. » (Légende de la mort du maréchal Blücher.)

Il est impossible d'admettre que la guerre et ses horribles conséquences puissent jamais devenir le critérium du progrès et de la vérité. Il est également impossible de comprendre que des peuples faits pour s'aimer, pour s'estimer, pour marcher ensemble dans la voie infinie de la civilisation, puissent un jour se réveiller ennemis et se traquer comme des bêtes fauves.

Il faut en finir avec ces aberrations dégradantes, avec ces turpitudes monstrueuses; il faut que les hommes se tendent la main, que les peuples s'insurgent pour leur propre conservation, et que tout ce qui fait obstacle à cette sainte et universelle fraternité disparaisse à jamais (1).

Mais comment obtenir ce grand résultat? c'est en persuadant aux masses que la Croix n'est plus une folie, que c'est une sagesse, et qu'elle doit être l'unique sagesse de la terre.

Monarques qui tremblez pour vos diadèmes, riches, qui tremblez pour vos trésors, voulez-vous recouvrer la paix, soyez catholiques; vous qui craignez la foudre et les tempêtes, vous qui pâlissez dans la juste appréhension des fléaux qui marchent, vous qui voyez et qui sentez, soyez donc catholiques. Le monde réel, le monde indispensable, c'est le monde religieux, c'est-à-dire le monde catholique. L'autre monde, le monde matériel, n'est que son ombre, que sa doublure. De toutes parts, il y a aujourd'hui dans la société prostration, désenchantement; les imaginations sont flétries, les âmes étiolés ; il n'est pas jusqu'à l'adolescent sorti des bancs d'une école semant l'esprit de doute et d'incrédulité, qui ne se jette, pour s'étourdir, dans la débauche ou dans le suicide. Il est bon de remarquer que les grands événements qui frappent la société en ce moment ont été prédits par l'Évangile : *Pressura gentium*. Le fléau de la guerre sévit toujours avec une violence rigoureusement proportionnée aux vices des nations.

(1) Point de religion, point de patriotisme. La patrie, la religion ! l'une et l'autre se tiennent par un nœud indivisible.

Les peuples les plus reculés de l'antiquité reconnaissaient la cause des malheurs qui pèsent si lourdement sur notre bien-aimée patrie. Il y a près de trois mille ans, Homère faisait dire à son Jupiter « Oh que les hommes accusent les Dieux injustement. Ils disent que les maux viennent de nous, tandis que c'est uniquement par leurs crimes qu'ils se rendent malheureux plus qu'ils ne devraient l'être (Odyss 1, 32.) Dans la tragédie grecque d'*Oreste*, Apollon déclare qu'il ne faut point s'en prendre à Hélène de la guerre de Troie, qui a coûté si cher aux Grecs; que la beauté de cette femme ne fut que le moyen dont les Dieux se servirent pour allumer la guerre entre deux peuples, et faire *couler le sang qui devait purifier la terre souillée par le débordement de tous les crimes.* (Euripide. *Oreste*, v. 1677.) Titus avoue, d'après Tacite, que dans l'éclatante victoire remportée contre Jérusalem, où périrent treize cent mille Juifs, il n'avait été dans cette circonstance, que le ministre de la vengeance de Dieu.

La prière, dit St-Chrysostôme, suspend les guerres, apaise les combats, éloigne les malheurs. Dieu ne laisse pas périr les peuples qui crient vers lui.

DRAME POLITIQUE

IMPORTANCE DE LA LÉGITIMITÉ

La monarchie a construit la France pièce à pièce, province par province. Les rois ont fait notre patrie, la république l'a défaite. Pas d'illusion possible. Désormais chaque expérience de république nous coûtera une province. Après l'Alsace, la Lorraine, après la Lorraine, la Champagne, la Bourgogne ensuite et la Franche-Comté, et le reste....
Voilà 78 ans que nous payons le sang de Louis XVI. L'échafaud, les guerres civiles, les batailles du premier empire, les désastres du deuxième, les ruines entassées par la Commune de 1871.... Il est temps de s'arrêter. Rappelons-nous les années de la Restauration: Après deux invasions et une occupation militaire qui a duré près de trois ans, les dettes de l'Empire payées, les moindres obligations respectées. (la Restauration a payé la rente votée par la Convention à la sœur de Robespierre), la propriété consolidée, les haines éteintes ou atté-

nuées, la prospérité agricole et commerciale rétablie et développée…. et un budget qui n'a jamais dépassé neuf cents millions, à peu près le tiers des budgets de la seconde république et de l'empire.

Le général Lamarque et Louis Blanc, dans son Histoire de dix ans, affirment que des négociations avaient été entamées par la maison de Bourbon avec les puissances étrangères pour recouvrer la Belgique et la rive gauche du Rhin. La révolution de 1830 arriva et coupa court aux négociations. Je demande à tout homme de bon sens et de bonne foi, si la maison de Bourbon est *anti-française* et si elle n'a pas droit à notre plus profond respect et à notre entier dévouement.

Une monarchie héréditaire est une forme de gouvernement qui doit durer à perpétuité, ou du moins autant que la famille au nom de laquelle elle est établie. La souveraineté du peuple est une absurdité égale à l'infaillibilité du suffrage universel dont l'expérience a coûté si cher à la France.(1) Quand on dit Souveraineté, cela suppose deux choses : un souverain qui commande et des sujets qui obéissent.

Je me demande où sont les sujets, c'est-à-dire ceux qui obéissent. Le peuple serait donc un sourain sans sujets ? Singulier souverain, en vérité, à

---

(1) Point de droit divin, point de Dieu. Rien n'arrive ici-bas que par son conseil immuable, il est le seul en qui réside toute-puissance dans le ciel et sur la terre. La négation du droit divin, ou l'athéisme sont deux mots entièrement identiques. « Non est potestas nisi a deo. » (S. Paul.)

qui manquerait tout moyen d'exercer son autorité, et par conséquent de manifester sa souveraineté.

La souveraineté du peuple m'a toujours fait l'effet de la souveraineté des enfants dans la famille. Que les enfants soient les maîtres et je me demande ce que deviendrait la famille ? Eh bien ! je doute que la souveraineté du peuple porte de meilleurs fruits pour l'Etat, qui n'est aussi, après tout, qu'une grande famille. La dépendance fait, selon M. de Bonald, la prospérité des Etats, l'indépendance en fait la ruine. Ce n'est ni le nombre, ni la volonté, ni la force matérielle, qui donnent la raison, la sagesse, l'intelligence, la science, la prudence, la clairvoyance. Le corps a beau être beaucoup plus gros et plus fort, matériellement parlant, que la tête, il n'en est pas moins vrai qu'il s'expose à être bientôt renversé, brisé et écrasé, s'il ne se laisse conduire et diriger par la tête qui seule a les yeux pour voir et les oreilles pour entendre. Le bon La Fontaine a composé sur ce sujet deux fables: celle des membres qui se révoltent contre l'estomac, et celle de la tête et la queue du serpent. Le peuple, considéré dans sa masse, n'a ni le temps, ni les moyens de se livrer aux études, et d'acquérir les connaissances indispensables pour bien saisir et bien traiter les problèmes sociaux et la plupart des questions qui intéressent la sécurité, la prospérité et la gloire des Etats. Ce ne sont pas assurément les journaux et les brochures qu'il lit qui peuvent lui procurer le degré de lumière nécessaire pour pouvoir résoudre ces grandes et importantes questions sociales. Ces journaux et ces brochures ne font, au contraire, que le plonger davantage dans les ténèbres de l'erreur et de l'ignominie, tout en flattant et en exaltant, sans retenue comme sans prudence, son orgueil, ses appétits et ses instincts dépravés. Il y a cependant certains cas exceptionnels et très-rares où le suffrage universel peut rendre un réel service et aider, par exemple, à sortir, sans trop de secousses, d'une situation mauvaise et difficile : c'est quand les événements sont tellement pressants, frappants, lumineux et parlent par eux-mêmes avec une telle force et une telle clarté, qu'il est presque impossible de ne pas voir. En dehors de cas exceptionnels, et dans les circonstances ordinaires, les suffrage universel est comme un aveugle qui ne peut se passer d'un conducteur. En résumé, le peuple est fait non pour gouverner, mais pour être gouverné. Ceux qui lui disent qu'il est souverain le flattent et le trompent. Le peuple est un athlète aux fortes et larges épaules dont les ambitieux sont trop souvent tentés de faire un marche-pied pour arriver aux hautes positions honorifiques et lucratives qu'ils convoitent. Il n'échappe aux exploiteurs qu'en se laissant conduire par ceux que leurs lumières, la dignité de leur vie, la noblesse de leurs sentiments et de leur caractère ont établis ses guides naturels et légitimes. Il leur faut, dans tous les cas, un chef comme à tout corps il faut une tête (1).

Un peuple qui n'a plus de chef doit s'en choisir un le plus tôt possible et le choisir de son mieux. Mais une fois ce choix fait, il lui doit respect et obéissance, comme les enfants doivent obéissance et respect au père, sauf le cas où celui-ci leur ordonnerait quelque chose de manifestement contraire aux lois supérieures de la religion et de la morale.

Quel meilleur choix la France pourrait-elle faire aujourd'hui que celui de l'honorable comte de Chambord, qui vient de nous adresser, de son exil, ces mémorables paroles, bien dignes de son amour sincère pour la France : « Si je dois rentrer dans le royaume de mes aïeux, je ne veux pas revenir pour régner par un parti, je n'ai ni injure à venger, ni ennemi à écarter, ni fortune à refaire, sauf celle de la France, et je puis choisir partout les ouvriers qui voudront loyalement s'associer à ce grand ouvrage. » Ces quelques lignes, inspirées par le patriotisme le plus dévoué de cet illustre rejeton de 80 rois légitimes, rappelle deux circonstance d'actualité dans lesquelles se trouvait notre belle patrie, qui n'a dû son salut qu'à la monarchie de Philippe-Auguste : La France étant sur le point de succomber sous le poids de nombreux ennemis, Philippe-Auguste fit à la nation cette chaleureuse proclamation

---

(1) Plusieurs princes ne sont pas une bonne chose, mais un seul en est une.   Homère.

qui sauva tout à la fois et la France et la monarchie et y rétablit son honneur et sa gloire : « Français, s'il est quelqu'un parmi vous que vous jugiez plus digne que moi d'être votre roi, je suis prêt à lui céder la place, mais si vous m'en croyez digne, songez que vous avez à sauver aujourd'hui la monarchie, vos familles, vos biens, votre honneur. » La nation ayant répondu à cet appel, fut immédiatement délivrée de ses ennemis et reprit son premier rang parmi les nations les plus civilisées.

Philippe-de-Valois, vaincu à Crécy et cherchant un asile, arriva vers le milieu de la nuit à la porte d'un château, il demanda qu'on ouvrît. Le chatelain voulut savoir qui il était : « Ouvrez, dit-il, c'est la fortune de la France. » Belle parole dans un revers si accablant !

Le comte de Chambord, fidèle imitateur de ses illustres aïeux, Philippe-Auguste et Philippe-de-Valois, peut seul nous tirer de l'abîme dans lequel nous jettent nos révolutions. Quant aux princes d'Orléans, il n'y a que deux situations : ou à côté de Henri V, ou à la tête des voyous de Belleville. On croit l'insurrection vaincue, elle l'est pour le moment, mais, au fond du cœur, les vaincus rêvent vengeance et revanche. S'ils pouvaient recommencer aujourd'hui, ils recommenceraient, et ils le pourront si la République est imposée à la France.

Mon dernier mot est l'anarchie ou la monarchie héréditaire. S'il y a encore en France du bon sens et du patriotisme, la monarchie héréditaire triomphera et sauvera la société sur le point de périr par le massacre, le pillage et l'incendie (1).

Que le roi Henri, Dieu-donné, nom providentiel. revienne donc, et la France recouvrant son antique prestige sur les maisons souveraines, rétablira chez toutes les nations la sécurité, la prospérité et la gloire.

Ce ne sont point les Bourbons qui ont amené trois fois l'étranger chez nous, ce ne sont point les Bourbons qui nous ont fait traverser ces fleuves de sang (2) et ces ruines encore toutes fumantes. Ils sont toujours accourus aux époques de nos plus grands malheurs pour relier l'avenir au passé, pardonner toutes les erreurs, sauver toutes les gloires, et réparer tous les désastres. La maison de France n'a jamais séparé ses destinées de celle de la nation.

(1) A Montmartre, on vient de découvrir le plan de Paris souterrain avec les mines et les torpilles qui s'y trouvaient placées par la Commune.

« Pour gouverner la France il faut une main de fer et un gant de velours.»   BERNADOTTE.

La République ne peut-être prospère et durable à moins que Dieu en devienne le président, les anges ses ministres et les saints les administrés.   (NAPOLÉON Ier.)

La légitimité est le rouage le plus important du mécanisme gouvernemental; en la supprimant toute sécurité disparaît de la société, il n'y a plus que *ruines, erreurs, misères, révolution.*
     (DE BONALD).

(2) Les guerres de nos révolutions et des deux empires ont fait perdre à l'Europe onze millions cinq cents milles hommes. Grand Dieu! quelle effusion de sang!

C'est avec le noble drapeau blanc, qui doit être le plus beau *fleuron* de la royauté de Henri-Dieudonné, que les Bourbons ont acquis nos plus grandes gloires nationales : *Rocroy*, *Fontenoy*, *Alger*. Cette illustre maison a toujours rapporté de l'exil le même génie, le même amour du pays, la même jalousie de nos droits et de nos libertés, la même fierté vis-à-vis de l'étranger. Les titres de nos rois à la reconnaissance populaire sont si incontestables, que l'un de nos adversaires les plus prononcés, un serviteur *idolâtre* de Napoléon, le comte de Las-Case, n'a pu s'empêcher d'écrire ces mémorables lignes : « Sous la troisième race, il s'écoule à peine deux générations qu'on ne rencontre un grand prince, et de grands événements. » Les mots prophétiques de M. Odilon Barrot, prononcés sur la rade de Cherbourg à la fatale époque du départ de *Henri-Dieu-donné* pour l'exil sont sur le point de s'accomplir littéralement. « Gardez ce dépôt sacré, cette jeune tête un jour pourra sauver l'Europe. »

www.ingramcontent.com/pod-product-compliance
Lightning Source LLC
Chambersburg PA
CBHW061622040426
42450CB00010B/2617